TURMA DA Mônica
MEU PRIMEIRO LIVRO DOS OCEANOS

Dados Internacionais de Catalogação na Publicação (CIP)
Angélica Ilacqua CRB-8/7057

De la Bédoyère, Camilla
 Meu primeiro livro dos oceanos / Camilla de La Bedoyere, Catherine Chambers, Chris Oxlade ; ilustrações de Maurício de Sousa ; tradução de Mônica Fleisher Alves. -- Barueri, SP : Girassol, 2024. – (Turma da Mônica)
 32 p. : il., color.

 ISBN 978-65-5530-686-6
 Título original: Questions and answers: Oceans

 1. Literatura infantojuvenil - Oceanos I. Título II. Chambers, Catherine III. Oxlade, Chris IV. Sousa, Mauricio de V. Alves, Mônica Fleisher

 24-0569 CDD 028.5

Índices para catálogo sistemático:
1. Literatura infantojuvenil

Este livro foi impresso em 1ª edição, em 2024, em papel couché 115g/m², com capa em cartão 250g/m².

GIRASSOL BRASIL EDIÇÕES LTDA.
Av. Copacabana, 325, Sala 1301
Alphaville – Barueri – SP – 06472-001
leitor@girassolbrasil.com.br
www.girassolbrasil.com.br

Direção editorial: Karine Gonçalves Pansa
Coordenadora editorial: Carolina Cespedes
Editora assistente: Lívia Pupo Sibinel
Assistente de conteúdo e metadados: Rebecca Silva
Tradução: Mônica Fleisher Alves
Diagramação: Deborah Sayuri Takaishi

Direitos de publicação desta edição no Brasil
reservados à Girassol Brasil Edições Ltda.

Impresso no Brasil

Estúdios Mauricio de Sousa
Presidente: Mauricio de Sousa
Diretoria: Alice Keiko Takeda, Mauro Takeda e Sousa, Mônica S. e Sousa

Mauricio de Sousa é membro da Academia Paulista de Letras (APL)

Diretora Executiva
Alice Keico Takeda

Direção de Arte
Wagner Bonilla

Diretor de Licenciamento
Rodrigo Paiva

Coordenadora Comercial
Alexandra Paulista

Editor
Sidney Gusman

Revisão
Daniela Gomes Furlan
Ivana Mello
Lina Gomes Furlan

Editor de Arte
Mauro Souza

Coordenação de Arte
Irene Dellega, Maria A. Rabello

Produtora Editorial
Juliana Bojczuk

Desenho de capa
Anderson Nunes

Livro criado e produzido nos
Estúdios Mauricio de Sousa

Designer Gráfico e Diagramação
Mariangela Saraiva Ferradás

Supervisão de Conteúdo
Marina T. e Sousa Cameron

Supervisão Geral
Mauricio de Sousa

Condomínio E-Business Park - Rua Werner Von Siemens, 111
Prédio 19 - Espaço 01 - Lapa de Baixo - São Paulo/SP
CEP: 05069-010 - TEL: +55 11 3613-5000

© Texto e conteúdo informativo: Miles Kelly Publishing Ltd 2016
© 2024 Mauricio de Sousa e Mauricio de Sousa Editora Ltda.
Todos os direitos reservados.
www.turmadamonica.com.br

Sumário

Quais oceanos cobrem a Terra?   6

Como se chamam os grupos de peixes?   8

Qual é o tubarão mais assustador?   10

Quem constrói paredes no fundo do mar?   12

Por que as baleias são tão grandes?   14

Quais leões vivem no mar?   16

Onde as aves marinhas fazem seus ninhos?   18

Como os ursos-polares aprendem a nadar? 20

Por que as algas marinhas são comestíveis? 22

Como as chaminés do fundo do mar funcionam? 24

Como os mergulhadores respiram no fundo do mar? 26

Teste 28
Glossário 29
Índice 30
Créditos 32

Quais oceanos cobrem a Terra?

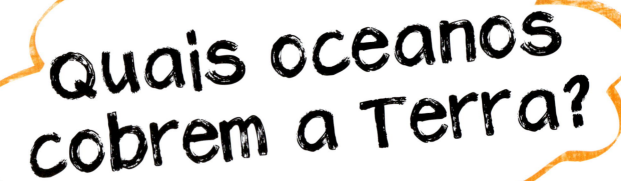

A Terra é coberta por cinco oceanos diferentes e todos fluem um para o outro – Ártico, Atlântico, Pacífico, Índico e Antártico. A terra onde vivemos, isto é, os continentes, se ergue dos oceanos. Mais de dois terços da superfície da Terra é coberta pelos oceanos – há mais que o dobro de água que de terra!

Legenda
1. Oceano Ártico
2. Oceano Atlântico
3. Oceano Pacífico
4. Oceano Índico
5. Oceano Antártico

O que tem no fundo do mar, além de peixes?

O solo marinho tem montanhas; áreas planas, chamadas planícies; e vales profundos ou fossas abissais. E há também imensos vulcões submarinos.

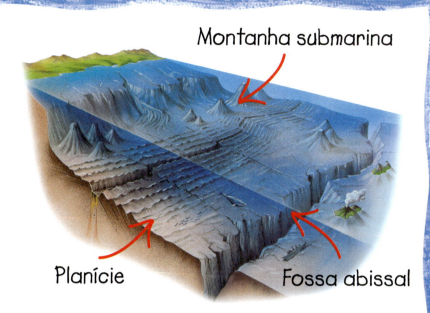

Montanha submarina
Planície
Fossa abissal

Salgada e fresca

Quase toda a água do mundo está nos oceanos. Apenas uma pequena quantidade de água doce está nos rios e lagos.

De onde vêm as ilhas?

As ilhas "nascem" no fundo do mar. Se um vulcão subaquático entra em erupção, ele lança lava quente e pegajosa. Na água, ela esfria e endurece. Camadas de lava vão se sobrepondo até que uma nova ilha começa a aparecer acima das ondas.

Pesquisa

Observe o mapa-múndi para descobrir onde você mora. Que oceano está perto de você?

Ilha

Como se chamam os grupos de peixes?

Alguns peixes vivem em grupos enormes, os cardumes, muitas vezes chamados de escolas de peixes. Isso pode protegê-los de caçadores famintos. Há milhares de tipos diferentes de peixes no mar. A maioria tem o corpo coberto por escamas brilhantes e usa as barbatanas e a cauda para nadar. Os peixes têm brânquias que captam o oxigênio da água para que possam respirar.

Cardume

Testando
Como um grupo de peixes é chamado? Leia esta página e descubra a resposta.

Qual peixe se parece com um remo?

O peixe-remo – que, às vezes, é tão comprido quanto quatro canoas enfileiradas – é o mais longo dos peixes ósseos e pode ser encontrado em todos os oceanos do mundo. Ele tem uma brilhante barbatana vermelha ao longo de suas costas e pode atravessar a água na vertical.

Peixe-remo

Voando alto

Os peixes não sobrevivem fora d'água por muito tempo, mas o peixe-voador pode saltar acima das ondas quando nada em alta velocidade. Realmente parece que ele voa quando usa suas barbatanas para planar no ar.

Peixe-lua

Qual peixe gosta de tomar sol?

O peixe-lua! E o peixe-lua oceânico é enorme, chega a pesar mais de 1 tonelada – é quase o mesmo peso de um carro pequeno! Ele nada na superfície, como se estivesse tomando um banho de sol!

Qual é o tubarão mais assustador?

O grande tubarão-branco é o mais assustador de todos. Esse peixe enorme chega a nadar a até 30 km/h. Ao contrário da maioria dos peixes, o grande tubarão--branco tem sangue quente. Isso permite que seus músculos trabalhem bem, mas significa também que ele necessita comer muita carne. Os grandes tubarões-brancos são caçadores ferozes. Eles vão atacar e comer quase tudo, mas seu "prato predileto" é a foca.

Grande tubarão-branco

Quando uma baleia não é baleia?

Quando se trata de uma orca. Apesar de também serem chamadas de baleias-assassinas, elas não são baleias, mas sim os maiores membros da família dos golfinhos. As orcas matam e comem quase tudo que há no mar, de pequenos peixes e aves marinhas até uma baleia enorme.

Orca atacando um leão-marinho

Nham! Nham!

A maior parte dos tubarões é carnívora. Os arenques são o alimento favorito dos cações-mangonas e dos tubarões-raposas, enquanto um tubarão-tigre se satisfaz com qualquer coisa.

Quando um tubarão parece um cachorrinho?

Quando é um filhote. Alguns filhotes crescem dentro da barriga de suas mães. Outros saem de ovos e vão direto para o mar.

Desenhando

Pegue suas canetinhas e faça sua versão do fundo do mar. Inclua um grande tubarão-branco no desenho.

Quem constrói paredes no fundo do mar?

Animais minúsculos erguem paredes submarinas feitas de coral: restos de esqueletos de minúsculos animais marinhos chamados pólipos. Ao longo de milhões de anos, esses esqueletos foram se acumulando. Elas são o que chamamos de recife de coral. Todos os tipos de criaturas vivem ao redor do recife.

Bodião

Cavalo-marinho

Peixe--palhaço

Olho-vivo!
Você sabe onde fica a Grande Barreira de Coral? Observe atentamente o mapa-múndi e descubra.

Por que as baleias são tão grandes?

As baleias chegaram ao tamanho que têm porque vivem na água. A água ajuda a sustentar sua enorme massa. A baleia-azul é o maior animal dos oceanos – e do planeta todo. Ela tem cerca de 30 metros de comprimento e pode pesar mais de 150 toneladas. Todo dia, ela come cerca de 4 toneladas de minúsculas criaturas, parecidas com camarões, chamadas *krill*.

Baleia-azul

Qual é o som das baleias?

Todas as baleias emitem sons, como gritos e gemidos. A baleia-corcunda macho parece cantar, provavelmente para atrair uma companheira. E é capaz de repetir sua música por mais de 20 horas!

Baleia-corcunda

Grudentas!

As cracas são mariscos. Elas ficam grudadas em navios ou no corpo de baleias-cinzentas e outros animais marinhos grandes.

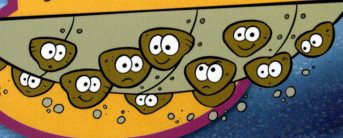

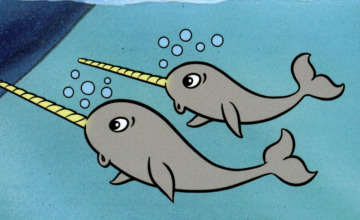

Meu tamanho

A baleia-azul tem 30 metros de comprimento. Que tal descobrir quanto você mede?

Qual baleia tem presas?

O narval tem uma presa como a de um unicórnio. Essa presa, um dente comprido e retorcido que sai de sua cabeça, pode chegar a ter 3 metros de comprimento. Os machos usam as presas como arma quando disputam uma fêmea.

Quais leões vivem no mar?

Leões-marinhos, focas e morsas são animais de sangue quente que se adaptaram à vida no mar, porém não são do tipo que rugem e têm juba. Eles possuem nadadeiras em vez de pernas, muito mais úteis para nadar. Uma grossa camada de gordura sob a pele os mantém aquecidos na água fria.

você sabia?
Baleias, golfinhos, focas e outros mamíferos marinhos podem gerar o próprio calor e manter a temperatura do seu corpo estável. Assim como os humanos, são animais de "sangue quente"!

Focas

16

Quem dorme nas algas?

As lontras-marinhas! Elas vivem em florestas de algas gigantes. Quando dormem, envolvem seus corpos com fios de algas para não serem levadas pelo mar.

Lontra-marinha

Foca cantora!
A foca-leopardo canta enquanto dorme! Essas focas, encontradas na Antártida, chilreiam e assobiam durante o sono.

Como as morsas mudam de cor?

As morsas parecem mudar de cor. Na água fria, sua cor pode variar do castanho-claro ao branco. Isso acontece porque o sangue é drenado pela pele, impedindo que seu corpo perca calor. Em terra, o sangue volta à pele e a morsa parece ficar cor-de-rosa.

onde as aves marinhas fazem seus ninhos?

A maioria das aves marinhas faz seus ninhos nos penhascos. O papagaio-do-mar cava tocas no topo dos penhascos, como um coelho. Às vezes, eles até se apropriam da toca vazia de um coelho. Ali eles botam seus ovos. Tanto o pai quanto a mãe cuidam dos filhotes desde o momento em que eles saem dos ovos.

Papagaio-do-mar

Albatroz-gigante

Como as aves marinhas dormem?

O albatroz-gigante é a maior ave marinha e passa meses no mar. É um ótimo planador e chega até a dormir em voo. Para comer, essas aves ficam na superfície da água e capturam criaturas como as lulas. A envergadura das asas de um albatroz tem cerca de 3 metros – mais ou menos o mesmo comprimento de um carro de passeio!

Saltitando!

A menor ave marinha é a alma-de-mestre, com comprimento de 16 a 19 cm. Ela é encontrada sobre os oceanos Atlântico, Índico e Antártico. Esse petrel saltita pela superfície da água, aguardando minúsculas criaturas do mar para comer.

Patola-de--pés-azuis

Quais aves gostam de dançar?

Os patolas-de-pés-azuis são aves marinhas que vivem em grandes grupos. Os machos têm os pés azuis. Quando estão à procura de uma companheira, eles dançam diante da fêmea para atraí-la com seus pés coloridos!

Como os ursos-polares aprendem a nadar?

Eles aprendem a nadar quando são filhotes, seguindo as mães. Com suas grandes patas dianteiras, os ursos remam na água. Eles são capazes de nadar por muitas horas. Os ursos-polares vivem no congelante oceano Ártico.

Urso-polar

Imaginação
Faça de conta que você é um urso-polar e imagine a vida no Polo Norte.

Por que os pinguins não voam?

Porque, em vez disso, eles nadam muito rápido! O mais ligeiro deles é o pinguim-gentoo. Ele chega a atingir 32 km/h embaixo d'água.

Pinguim-gentoo

O grande e o pequeno!

O menor pinguim do mundo é o pinguim-azul, que tem 40 cm de altura. O maior de todos é o pinguim--imperador, com 1,30 m – mesmo tamanho de uma criança de 7 anos de idade!

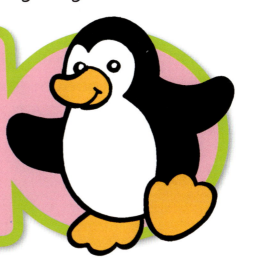

Pinguim-imperador

Qual papai pinguim gosta de ficar de babá?

O papai pinguim-imperador cuida de seus filhotes. A fêmea põe um ovo e o deixa com o companheiro, que irá aquecê-lo. O macho equilibra o ovo nos pés para mantê-lo fora do gelo. E fica sem comer até o filhote sair do ovo. Quando isso acontece, a mãe volta e, ao lado do pai, cuida do pequeno.

Por que as algas marinhas são comestíveis?

Alguns tipos de algas marinhas são comestíveis ou usadas na preparação de outros alimentos porque não são tóxicas. Ao contrário das algas de água doce, que em geral são tóxicas e podem fazer mal à saúde, as marinhas são bastante usadas em pratos típicos do Japão, da China e da Coreia.

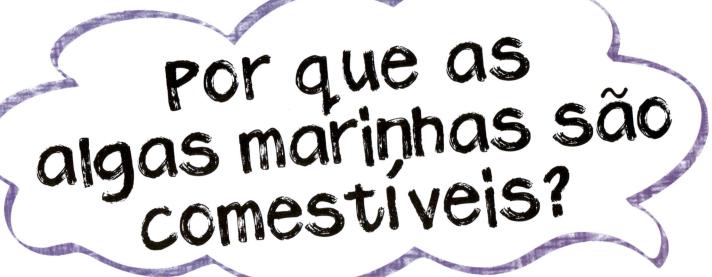

Colheita de algas

Lista
Faça uma lista de coisas do mar que você pode comer. O que você já experimentou?

Como obtemos o sal do mar?

O sal é encontrado na água do mar, que é salgada. Em áreas quentes e baixas, as pessoas constroem muros para reter piscinas de água do mar. A água seca ao sol, deixando os cristais de sal.

Como as lagostas são capturadas?

Lagostas são crustáceos grandes e comestíveis. Os pescadores as capturam em gaiolas de madeira chamadas covos. Atraídas por peixes mortos colocados nessas gaiolas, as lagostas empurram a porta em busca do alimento. E, uma vez lá dentro, elas não conseguem sair.

Armadilha para lagosta

Ostras peroladas

As pérolas crescem dentro de ostras. Quando um grão de areia fica preso dentro de uma ostra, lentamente ela libera uma substância que envolve o grão intruso e ele não fica em contato com o interior dela. Camadas e camadas dessa substância formam a pérola.

Como as chaminés do fundo do mar funcionam?

Nesses lugares, a água do mar penetra em pequenas rachaduras que vão fundo na crosta terrestre – algumas com até 2 km de profundidade – e a temperatura ali pode chegar a 400°C. O fluido, quente e rico em minerais dissolvidos, é expelido de volta para as águas geladas do oceano, criando um efeito semelhante ao de fumaça no ar. A enorme pressão impede que a água quente entre em ebulição. Animais exóticos, como aranhas marinhas e vermes tubulares, se alimentam dos minérios existentes nessa água quente.

Granadeiro

Moluscos gigantes

Aldeia aquática
Em 1963, o mergulhador Jacques Cousteau construiu uma aldeia no leito do Mar Vermelho. E morou lá com outros quatro mergulhadores por um mês.

Por que não existem monstros marinhos?

Há muitos e muitos anos, na época das grandes navegações, o homem acreditava que no fundo do mar havia monstros marinhos. Na verdade, muitas criaturas que viveram no nosso planeta podem ser consideradas assustadoras. A lula-gigante, por exemplo, pode ter sido confundida com um monstro. Ela tem longos tentáculos, e seus olhos são do tamanho de um prato raso.

Lula

Chaminé

O que é uma sereia?

As sereias são estranhas criaturas com corpo de mulher e uma longa cauda de peixe – mas elas não são reais. As pessoas achavam que elas moravam no mar e encantavam os marinheiros com seu lindo canto.

Aranha marinha

Vermes tubulares

Lista

Você se lembra de alguma história ou filme sobre sereias? Que tal escrever sua própria história?

Como os mergulhadores respiram no fundo do mar?

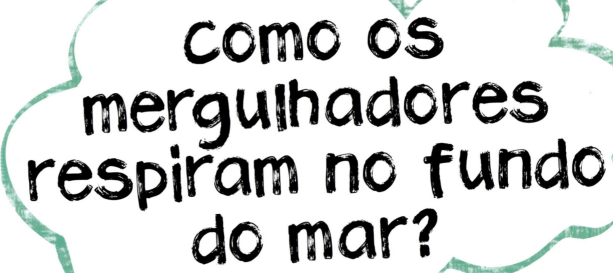

Os mergulhadores carregam tanques cheios de oxigênio (ar) presos nas costas. Um longo tubo fornece o ar para eles.

Tanque de oxigênio

Mergulhador

Experimentando
Tente usar óculos de natação no banho. Pegue alguns brinquedos e veja como os mergulhadores enxergam dentro d'água.

O que é um jet ski?

O *jet ski* é uma espécie de motocicleta sem rodas que anda sobre a água. Ele movimenta um jato d'água atrás de si que o impulsiona para a frente. Durante competições, alguns participantes atingem velocidades de até 100 km/h.

Jet ski

Como as pessoas podem andar sobre a água?

Em pranchas de surfe. Esse esporte se tornou popular na década de 1950. As pranchas modernas são feitas com um material superleve. As pessoas ficam em pé em cima das pranchas e deslizam sobre as ondas. Os melhores locais do mundo para a prática do surfe são as costas do México e do Havaí.

Surfista

Recorde aquático!

Um único barco rebocando cem esquiadores aquáticos! Esse recorde foi batido na costa da Austrália em 1986 e nunca mais foi superado. O barco de arrasto era um cruzador chamado "Reef Cat".

Teste

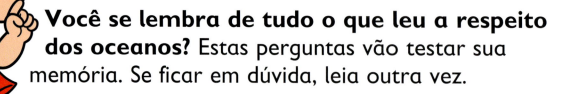

Você se lembra de tudo o que leu a respeito dos oceanos? Estas perguntas vão testar sua memória. Se ficar em dúvida, leia outra vez.

1. O que tem no fundo do mar, além de peixes?
2. Como se chamam os grupos de peixes?
3. Qual peixe se parece com um remo?
4. Quando uma baleia não é baleia?
5. Qual baleia tem presas?
6. Quem dorme nas algas?
7. Onde as aves marinhas fazem seus ninhos?
8. Como as aves marinhas dormem?
9. Como os ursos-polares aprendem a nadar?
10. Qual papai pinguim gosta de ficar de babá?
11. Por que as algas marinhas são comestíveis?
12. O que é uma sereia?
13. Como os mergulhadores respiram no fundo do mar?

Respostas

1. O solo marinho tem montanhas, áreas planas e vales profundos.
2. Cardumes ou escolas.
3. O peixe-remo.
4. Quando se trata de uma orca, que, na realidade, não é uma baleia, mas sim o maior membro da família dos golfinhos.
5. O narval.
6. As lontras-marinhas.
7. Nos penhascos.
8. Voando!
9. Os ursos-polares aprendem a nadar seguindo as mães.
10. O pinguim-imperador.
11. Porque alguns tipos de algas marinhas não são tóxicas.
12. Uma estranha criatura que é metade mulher e metade peixe, mas não é real.
13. Carregando tanques de oxigênio nas costas.

Glossário

Brânquia
Órgão respiratório dos animais aquáticos, também conhecido como guelra.

Carnívoro
Que se alimenta de carne de outros animais.

Crustáceos
Animais invertebrados aquáticos pertencentes ao filo dos artrópodes: camarões, lagostas, cracas, caranguejos e siris.

Ebulição
Transformação de um líquido em vapor.

Envergadura
Distância máxima entre as extremidades de uma ave ou de qualquer animal que voa.

Erupção
Emissão violenta de lavas, cinzas e fumaça pela cratera de um vulcão.

Esqueleto
Estrutura de ossos que sustenta o corpo dos seres vivos vertebrados.

Fluido
Substância líquida.

Juba
Pelos volumosos que rodeiam a cabeça e o pescoço de alguns mamíferos, como o leão.

Leito
Fundo de um rio, lago ou oceano por onde correm suas águas.

Mamífero
Espécie animal de vertebrados que se caracteriza pelo corpo revestido de pelos e sangue quente e por alimentar-se, quando filhotes, de leite produzido pelas fêmeas.

Mariscos
Animais com concha extraídos do mar ou da água doce, usados na alimentação humana. Conhecidos também como frutos do mar.

Oxigênio
Gás sem cor e sem cheiro encontrado no ar, vital para os seres vivos.

Presa
Animal abatido por outro animal para servir de alimento.

Índice

A

água 6-9, 14, 16-17, 19-20, 22-23
água do mar 6, 20-21, 23-24
água salgada 23
albatroz-gigante 19
alga marinha 22
alimentação (animais) 11, 23
alimentação (humanos) 23
alma-de-mestre 19
aprendizado 20
aranha marinha 25
arenque 11
ave marinha 18-19

B

baleia 11, 14-15
baleia-assassina 11
baleia-azul 14-15
baleia-cinzenta 15
baleia-corcunda 15
banho de sol 9
barbatana 8-9
bodião-limpador 13
brânquias 8

C

cardume 8
carro 9, 19
cauda 8, 25
cavalo-marinho 12
comida (animais) 19, 21, 23
craca 15

F

foca 10, 16
foca-leopardo 17
fundo-do-mar 7, 24-26

G

garoupa 13
gelo 21
granadeiro 24
Grande Barreira de Coral 12-13

I

ilha 7

J
jet ski 27

K
krill 14

L
leão-marinho 11, 16
lontra-marinha 17
lula-gigante 25

M
marisco 15
mergulhador 24, 26
mergulho 24, 26
molusco 24
morsa 17

N
narval 15

O
oceanos 6-7, 9
ostra 23
oxigênio 8, 26

P
papagaio-do-mar 18
patola-de-pés-azuis 19
peixe 8-9
peixe-lua 9
peixe-palhaço 12-13
peixe-remo 9
peixe-voador 9
pérola 23
pinguim 21
pinguim-azul 21
pinguim-gentoo 21
pinguim-imperador 21
pólipo 12

R
recife de coral 12
respiração (humanos) 26

S
surfe 27

T
toca 18
tubarão 10-11
tubarão-branco 10

U
urso-polar 20

V
veneno 13
vermes tubulares 25
vulcão 7

Créditos

10 Magens Trolle/Shutterstock.com; 15 melissaf84/Shutterstock.com; 16 Mariusz Potocki/Shutterstock.com; 17 Heather A. Craig/Shutterstock.com; 18 Spumador/Shutterstock.com; 19 Mariko Yuki/Shutterstock.com; 20 Fotokon/Shutterstock.com; 21 ChameleonEye/Shutterstock.com; 22 Distinctive Images/Shuttestock.com; 23 Ethan Daniels/Shutterstock.com; 24 JonMilnes/Shutterstock.com. Todas as outras fotografias pertencem a digitalSTOCK, digitalvision, Image State, John Foxx, PhotoAlto, PhotoDisc, PhotoEssentials, PhotoPro, Stockbyte.

Os editores agradecem pelo fornecimento das fotografias a todos os parceiros. Todos os esforços possíveis foram feitos para identificar os autores das fotos e pedimos desculpas por qualquer erro ou omissão.

Infográficos: Stephan Davis, Jennifer Barker, Thom Allaway
Desenhos realistas: Miles Kelly Artwork Bank